セーラー服のまんなか

Sailor fuku no mannaka

セーラー服は、どうしてあんなに爽やかで、
どうしてあんなに軽やかなんだろう。

白と青のコントラストが青空を思わせるようで。
いや、黒もまた奥ゆかしく素晴らしい。

それを身に着けたあの子は空気を纏っているようで。
短いすそが風に揺れて…。

そんなとき、すそとスカートの間から、あの子の肌が見えた。
とても滑らかで輝いていて、窪んでいる。

穴なのか、へこみなのか、窪みなのか。
気付いてしまってから、ずっと目で追ってしまう。

いつものあの子のはずなのに、いつもよりドキドキしている。
意図せず見えてしまった、普段見えないあの子の肌。

おへそ

それは、セーラー服とセーラー服のまんなかにある。

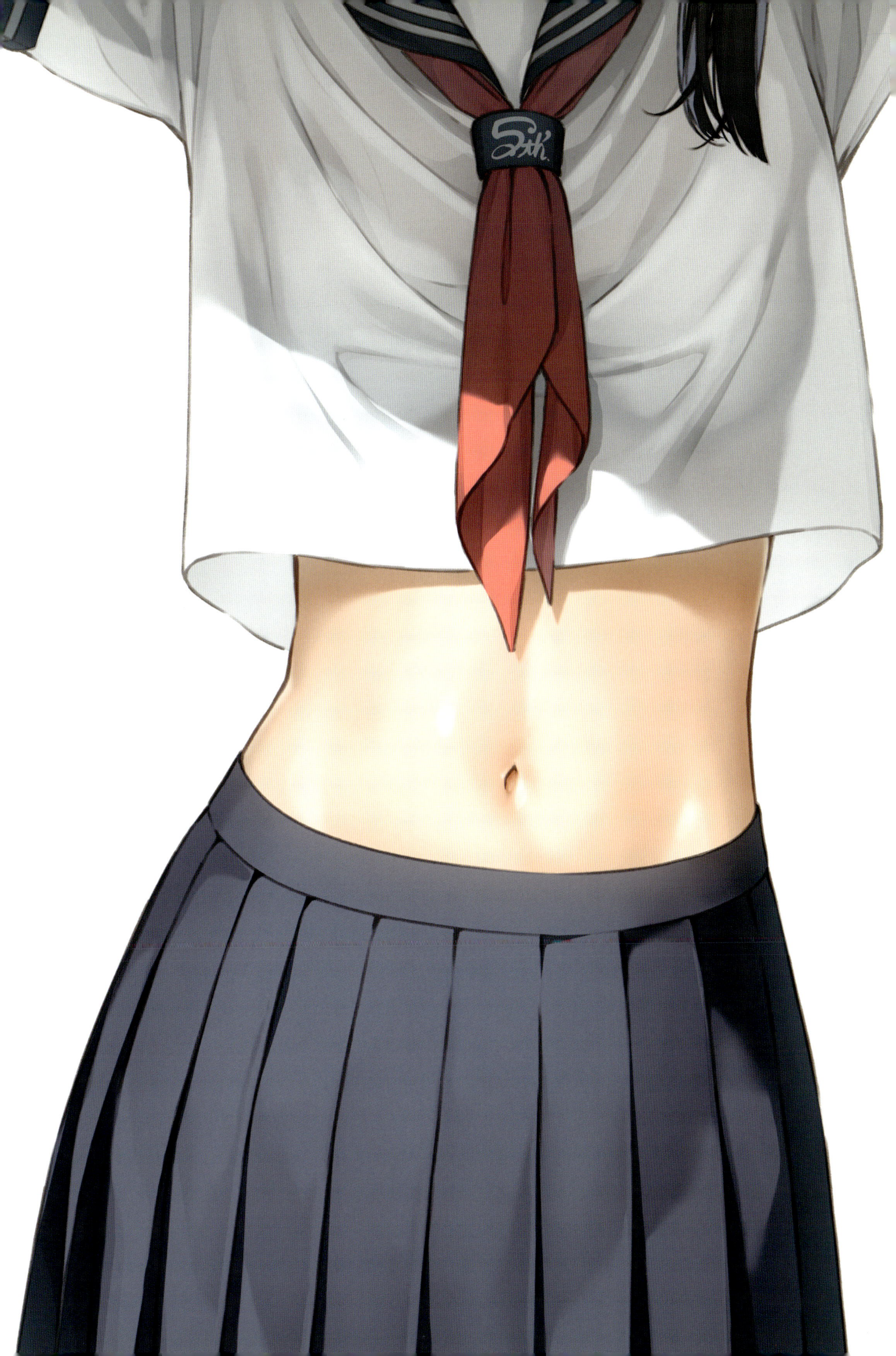
5th.

目次

セーラー服のまんなか

No.
01

イラストレーター

ミモザ

MIMOZA

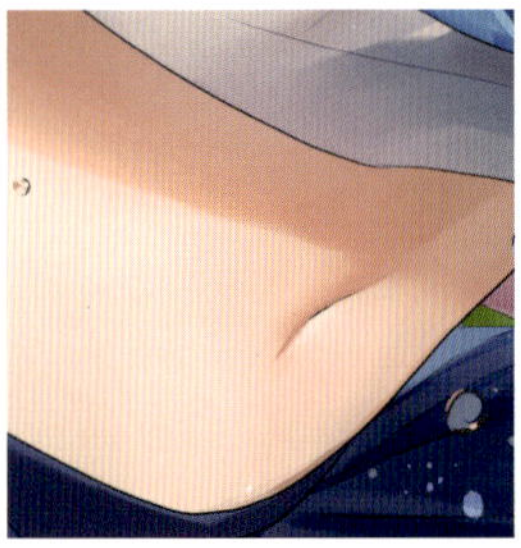

今回はおへそイラストということで、できるだけさりげなく見えちゃった感じで描いてみました。描いていた時期が夏だったのでダイレクトに絵に反映されています。夏の日差しの中、はしゃいで水遊びをはじめちゃったクラスの女の子と一緒に遊んでいてふとした瞬間に見えたおなかという感じです。

twitter
@96mimo414

No.
02

イラストレーター

40原

SHIMAHARA

代表作
嫌な顔されながらおパンツ見せてもらいたい
うちのねこが女の子でかわいい

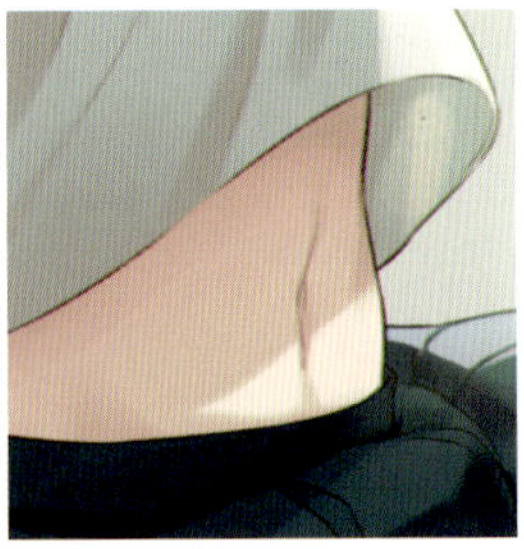

バレエ少女が人目を忍んで練習をしている所に、たまたま鉢合わせてしまい彼女のおへそを見てしまったという一場面です。彼女の演技よりもおへそに目が行ってしまう自分に罪悪感を抱きながらもおへそから目が離せない！ そんなシチュエーションで描いてみました。ちなみにこのバレエ少女は僕が描いている同人誌にも出てくるキャラクターです。

twitter
@40hara

No. 03

イラストレーター

しぐれうい

SHIGURE UI

代表作

幼なじみが絶対に負けないラブコメ 挿絵担当
バーチャルYouTuber 大空スバル

無邪気さゆえにみえる無防備な隙間！ をテーマに描かせていただきました。ふとした瞬間を見るのが好きなので、そのようなシーンを切り取れていたら幸いです。揺れるセーラー服を描くのがとても楽しかったです。

twitter
@ui_shig

No.
04

イラストレーター

アシマ

ASHIMA

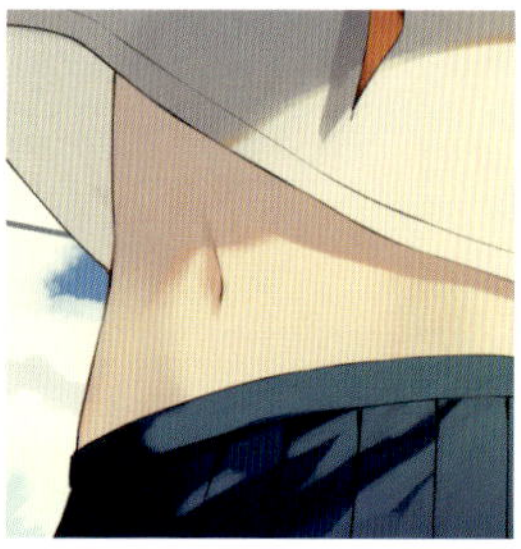

風に煽られてお腹が見えてしまったシーンを想定してみました。おへそを強調するために、その周辺にだけ夏らしい光が当たるようにしています。夏は肌の露出が多くなるので、「普段見えない部分が見えてしまう」というドキドキ感を季節の雰囲気からも合わせて感じてもらえればなと思います。

twitter

@roro046

No.
05

イラストレーター

すいひ

SUIHI

代表作
御城プロジェクト:RE ~CASTLE DEFENSE~
編隊少女 -フォーメーションガールズ-
.LIVE アイドル部 バーチャルYouTuber カルロ・ピノ

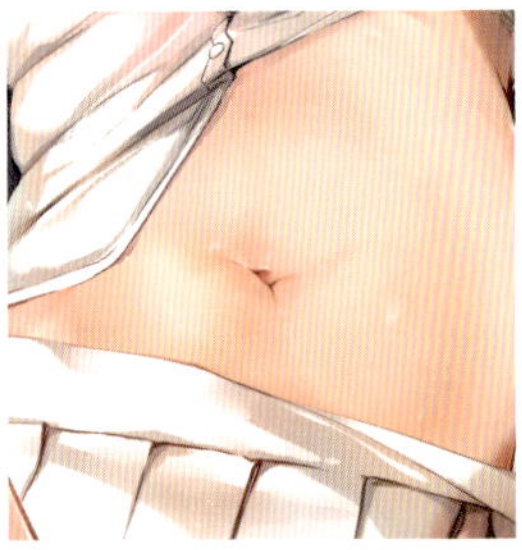

リラックスしておへそ・おなかが少しだらしなくたるんだ感じです。ネコさんに夢中で油断している感じを、おへそ・おなか周りだけ見たときでも感じられるように描かせて頂きました。普段、目にすることのない隠された部分にこそ、女の子の性格や新しい一面がにじみ出てくるのではと思っています。自由に想像して楽しんでもらえれば嬉しいです。

twitter
@suihi_oe

No.
06

イラストレーター

ろるあ

ROLUA

代表作

リベンジャーズ・ハイ 挿絵担当
恋人を寝取られ、勇者パーティから追放されたけど、
EXスキル【固定ダメージ】に目覚めて無敵の存在に。さあ、復讐を始めよう 挿絵担当

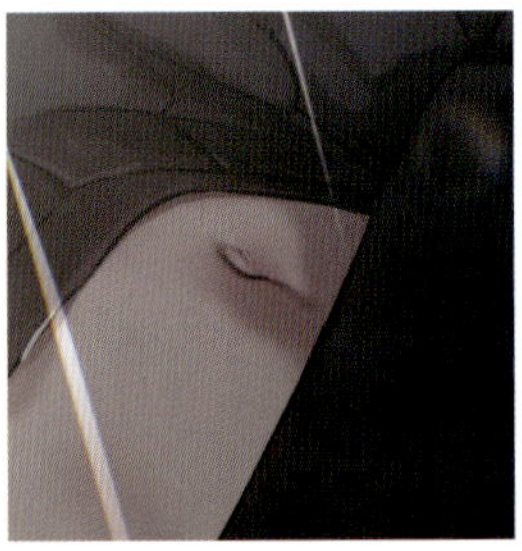

泣いている女の子の表情とチラッと見えるおへその対比を表現してみました。無造作に置かれたスクールバッグと振り止まない雨が涙を流す彼女の心象風景を表しているかのようで、そこで見えるおへそや太ももがドキッと見えて、それら全部が儚い美しさと感じてもらえたらいいなと思います。

twitter
@Rolua_N

No.
07

イラストレーター

やすも

YASUMO

代表作

にじさんじ 本間ひまわり・笹木咲 デザイン担当
SNOW MIKU 2018 メインビジュアル担当
真の仲間じゃないと勇者のパーティーを追い出されたので、辺境でスローライフすることにしました 挿絵担当
アズールレーン アンソロジーコミック 8巻 表紙担当

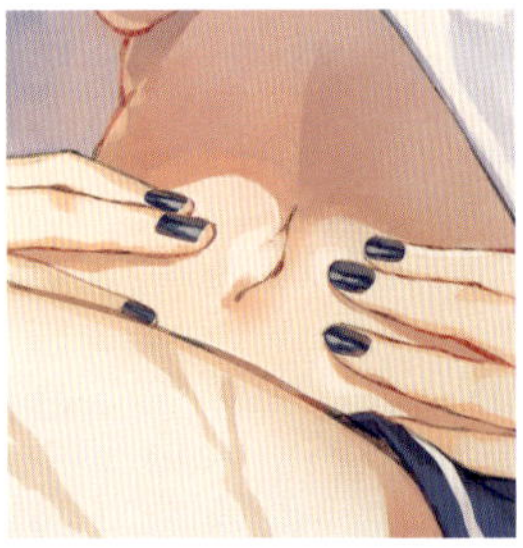

動きのある絵の中でチラッとおへそが見える構図のイラストを描きたかったのと透明感のある色を使いたかったので、悩んだ結果水中イラストにしました。動きや画面の密度を出しつつもおへそが埋もれないよう、見せたいところに視線がいくように試行錯誤しながら構図や配置を決めました。

twitter
@yasumo01

No.
08

イラストレーター

望月けい

MOCHIZUKI KEI

代表作

クリミナルガールズX
閻魔堂沙羅の推理奇譚

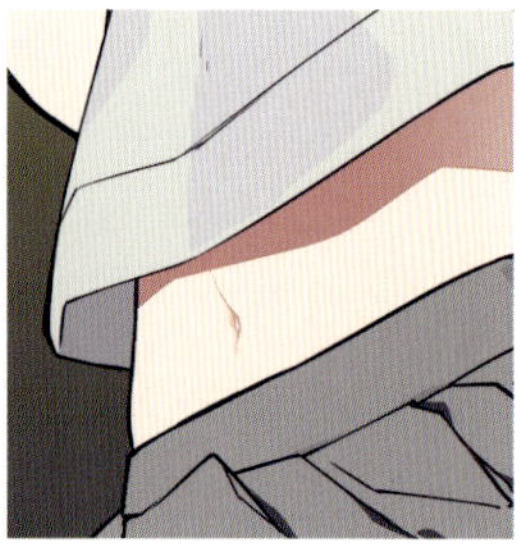

夏の風で乾いたセーラー服と爽やかな空気感を感じられるような絵にしました。ふとした時に視界に入ったような、記憶の片隅にだけぼんやり残っているようなそんな情景をイメージしています。主張が強くないおへそが周りの肌と一緒にちらっと見えるのが好きなのでなるべくさらっと描くようにしてます。

twitter

@key_999

APPLE

No.
09

イラストレーター

ほーじろ

HOOJIRO

代表作

にじさんじ Live2D キャラクターデザイン担当
機動戦隊アイアンサーガ 一周年記念イラスト
第五人格 描き下ろしイラスト
みるタイツ アニメ応援イラスト

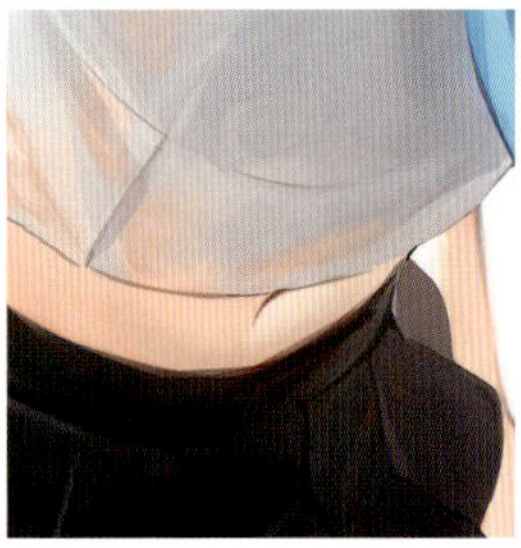

何かの拍子に見えてしまうおへそは美しいと思います。個人的にセーラー服は夏のイメージがあったのでそれに合わせて水風船をモチーフにしました。薄い生地が何気ない動きで捲れて、その間にあるおへそがチラリズムするのがいいと思います！ そして光源は上の後ろからにして、ぼんやりとした反射光でおへそ辺りのやわらかさを意識しました。

twitter
@mamimumemonoma

No.
10

デザイナー・イラストレーター

ふぁみ

FAMY

代表作
村人ですが何か？ 挿絵担当
戦闘機になれるパーカー アパレル原案
戦闘妖精雪風メイヴ雪風モーフィングパーカー デザイン担当

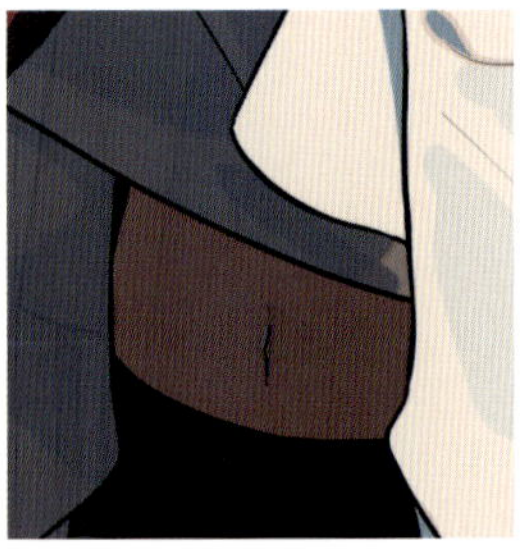

リュックを描きたかったというのとほかの方がやらないような構図で挑戦してみたかったので、健全という意味でもあえて直接おへそを見せるのではなくウインドウの反射を利用したテクニカルなアプローチにしています。後ろからおへそをみせるという、前代未聞なことをしてしまったのではないでしょうか。

twitter
@famy_siraso

Au
Aut

No.
11

イラストレーター

おっweee

OWEEE

代表作

黒川さんに悪役は似合わない 挿絵担当

元英雄は、女子高生と異世界でほのぼのと旅暮らす。 挿絵担当

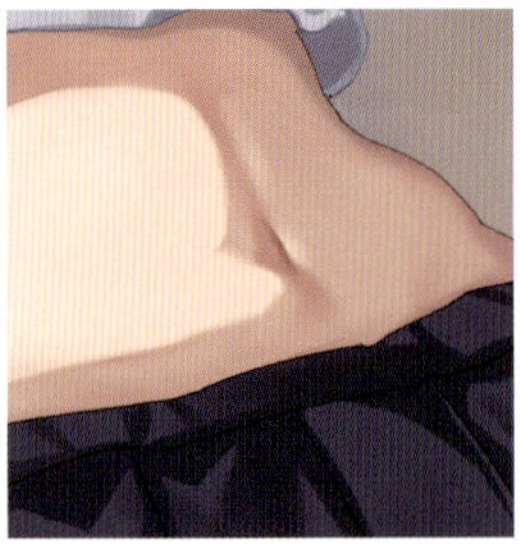

「女子高生とプライベートな夏をともに過ごす」をテーマにシチュエーションを考えてみました。へそチラにするかへそモロにするか葛藤しながらも今回はへそモロを狙って見ました。あえて、おへそがバッチリ見えてしまうような丈の短いセーラー服と自分なりに冒険的なライティングを使い、普段は見れないおへその表情も見えるかと思います。

twitter

@Oweeek

おっweee

No.
12

イラストレーター

しゅがお

SHUGAO

代表作

バーチャルYouTuber 田中ヒメ・鈴木ヒナ キャラクターデザイン担当
バーチャルガールズユニット KMNZ リタ・リズ キャラクターデザイン担当
初音ミク 10th Anniversary コラボストア in アトレ秋葉原 メインビジュアル
初音ミク マジカルミライ2019 サブビジュアル

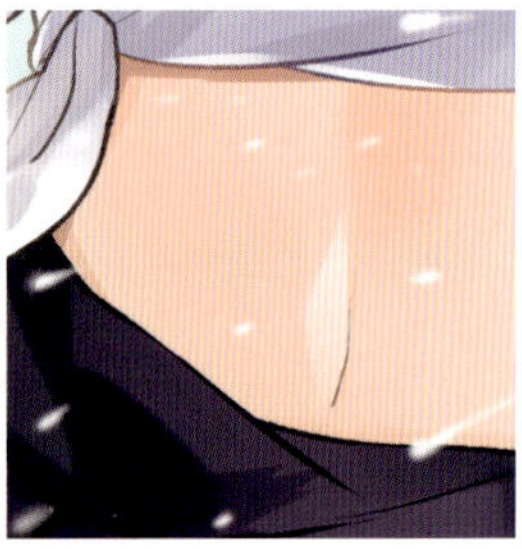

おへその出し方を含めわざとらしすぎず女子高生感を表現する、というのをコンセプトで描いてみました。制服を着た女の子のスカートを折って短くしていたり服の裾を縛っていたり、ちょっとしただらしなさが好きなのでそれが表現できていたらいいなと思っています。また、全体的に臨場感やポートレート感を出すために明るめの配色にしたのがポイントです。

twitter

@haru_sugar02

No.
13

イラストレーター・原画家

RiM

RIM

鉄棒に挑戦する女の子と見守る女の子、できるかできないかを賭けるというシチュエーションです。セーラー服とおへそにハイライトを置いたイラスト…セーラー服の間から垣間見えるおへそポイントを押さえるのがとても難しく色々迷ってしまいましたが如何でしょうか？ 今後もおへそを描く機会があれば是非描いていければと思います。

twitter
@RiMs_0927

RiM
2019

No.
14

イラストレーター

jonsun

JONSUN

代表作

邪龍転生 挿絵担当

ようこそモンスターズギルド 挿絵担当

Lycee Ver.FGO

WAR of Zodiac

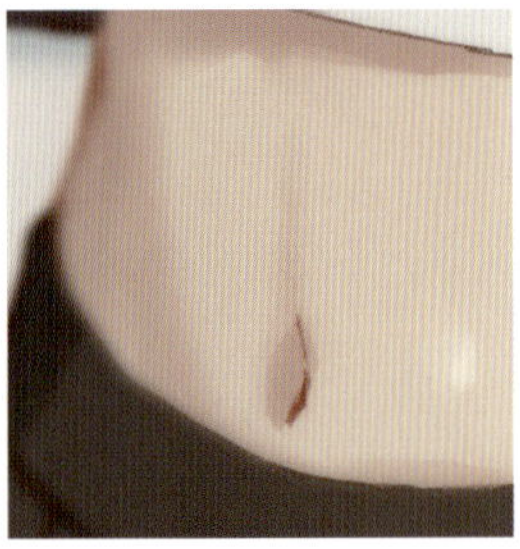

テーマをお聞きしたときに、ノスタルジーが強い作品群が多くなるかなと思ったので、天邪鬼発揮して少しファッションに振った作品にしてみようかなと思い、やってみました。明るい髪色に尖ったファッションは映えますね。描いてる途中に制服スタジャン最高！と唱えながら描いてました。スタジャンon制服もっと流行って欲しい。。。

twitter

@jonsunk

G

No.
15

イラストレーター

キンタ

KINTA

代表作

「お前ごときが魔王に勝てると思うな」と勇者パーティを追放されたので、王都で気ままに過ごしたい 挿絵担当
領民0人スタートの辺境領主様 挿絵担当

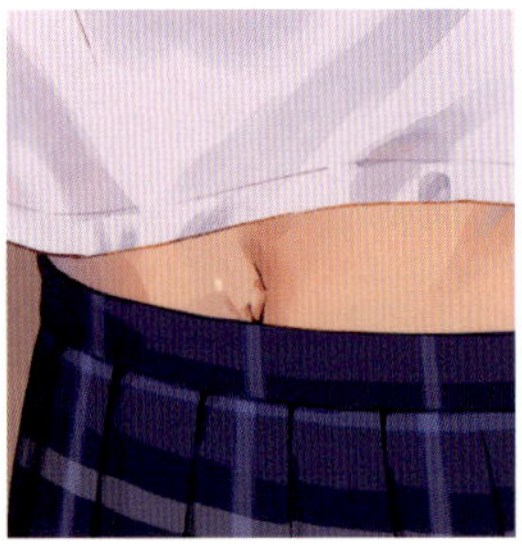

フェチというものは意図していないときに瞬間的にドキッと感じるものだと思っていて、そういう感情は見せつけられるよりもたまたま見えてしまった状況の方が背徳感という名の隠し味も加わりより強く感じられるのではないかと思い、その演出のため日常の空気感づくりにはこだわりました。

twitter

@kinta2469

No. 16

漫画家・イラストレーター

雪子

YUKIKO

代表作

ふたりべや

鳩子のあやかし郵便屋さん。

転生王女は今日も旗を叩き折る 挿絵担当

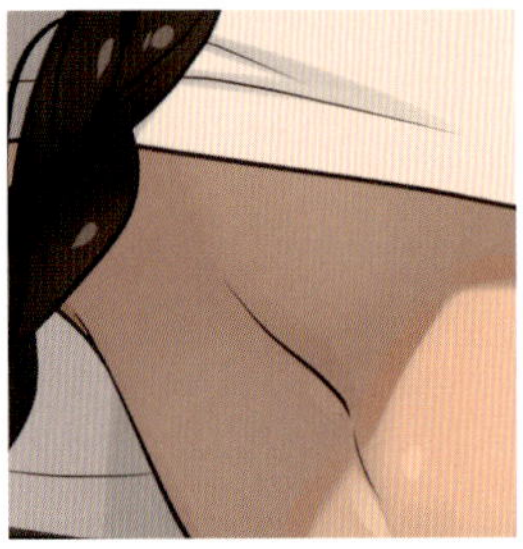

服が捲れて見えてしまったおへそに影がかかっている部分と、少し恥ずかしそうな瞳にこだわりました。

twitter

@aoiyukiko

No.
17

イラストレーター

u介

U-SUKE

代表作

放課後は異世界喫茶でコーヒーを 挿絵担当
神撃のバハムート
Shadowverse

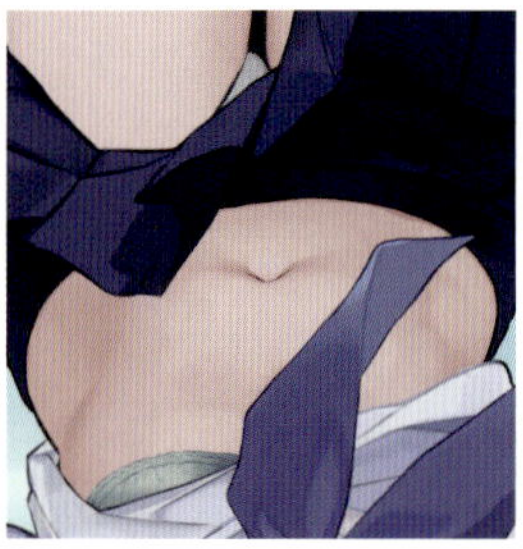

どうやっておへそを出そうか…と考えた結果、夏服で快活な印象になりました。健全な仕上がりです…！セーラー服でおへそを見せるとなると、服のデザインやシチュエーションが限られてくると悩んだのですが、他の作家様がどのようなアプローチでイラストを描かれるのか楽しみでもあります。

twitter

@u_suke_rs

No.
18

イラストレーター

またのんき▼

MATANONKI

代表作

西野 ～学内カースト最下位にして異能世界最強の少年～ 挿絵担当
千年戦争アイギス
FLOWER KNIGHT GIRL

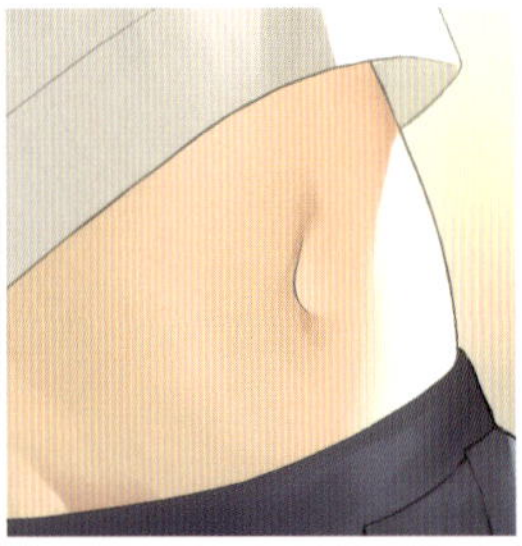

肉感的な塗りが好きでついつい塗り込みがちなのですが「何気ない動作の一瞬」というテーマですので、ぐっとこらえて全体的に軽やかな雰囲気を出しました。おへそはしっかり窪みで描きたいので中を明るく描いて存在感を出しています。ファンタジーや現実感のない服を描く事が多いので真っ向からセーラー服を描くのは結構珍しいかもしれません…。

twitter

@kinnotamadx

No. 19

イラストレーター

tocope

TOCOPE

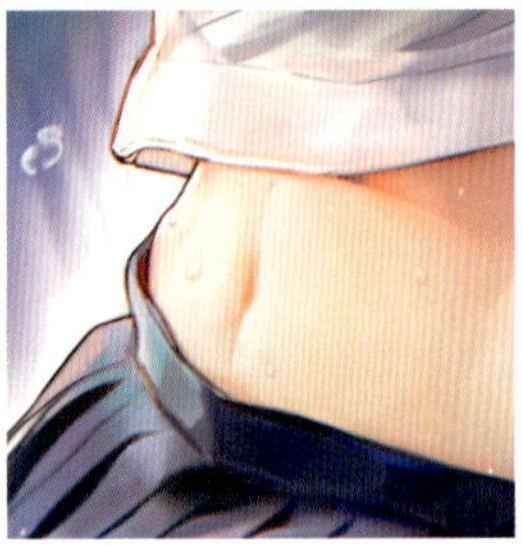

動的な仕草の中で意図せず見えるおなかを表現しました。セーラー服が引っ張られて出来るシワと空間、そして汗ばんだおなかがポイントです。特におなか周りは「どれくらいの筋肉量でどれくらいの脂肪がついていれば、より元気で健康的なおなかに見えるのか」という所を最後まで悩みました。

twitter

@to_co_pe

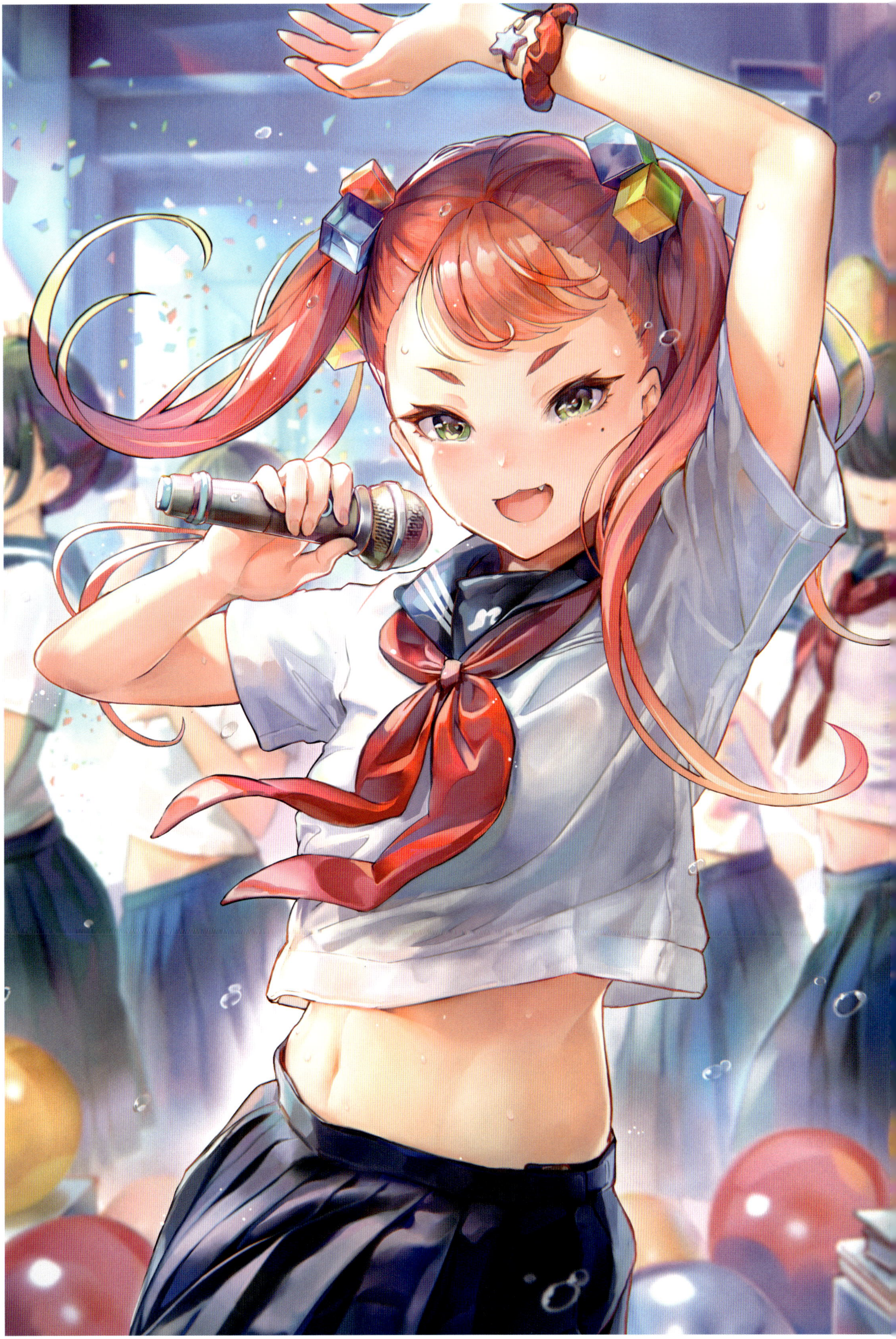

No.
20

イラストレーター

ねづみどし

NEDUMIDOSHI

代表作

にじさんじ キャラクターデザイン、衣装制作
生意気なお嬢様を従順にする方法 挿絵担当

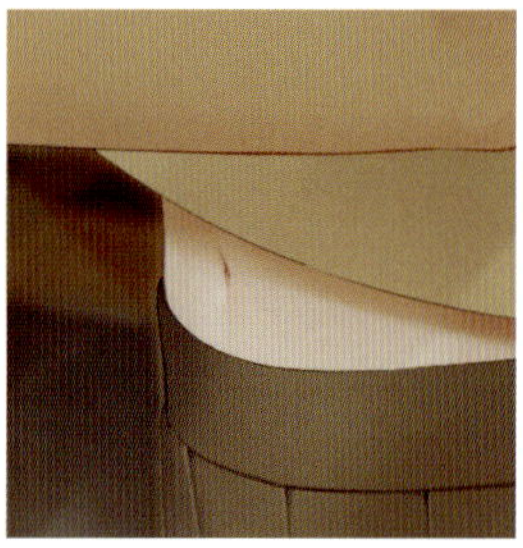

今回の作品で一番力を入れたのは古本屋の空気感です。日焼け、汚れた本の温かみが生む空間を崩さないように、全体的に落ち着いた色で統一しました。光の視線誘導でおへそに行くように光源の調整、おへそが見えるシチュエーションも一番自然な『背伸び』というところに視点を置き、行動での背伸びと恋への背伸びをコンセプトに文学少女を描きました。

twitter

@nezumidosi_

No.
21

イラストレーター

eno

ENO

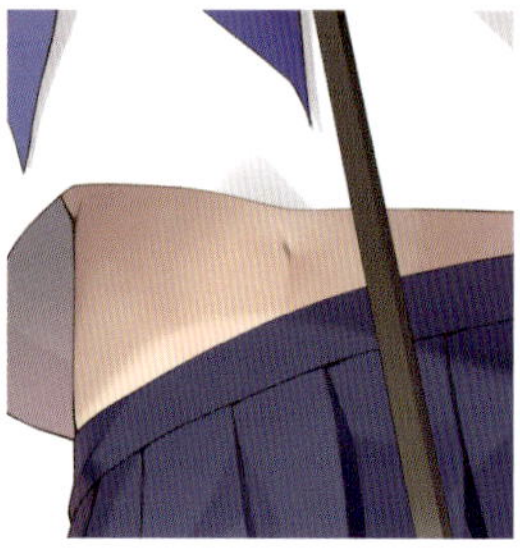

おへそまわりのお肌が良いとおへそへ向かうお腹の沈み込みを感じやすいと思ったので、お腹のわずかな凹凸が見えるように明るい色を置きました。あと「描きなれた横へそ」か「この娘に似合う縦へそ」かで結構悩みました。

twitter
@enosan_Q

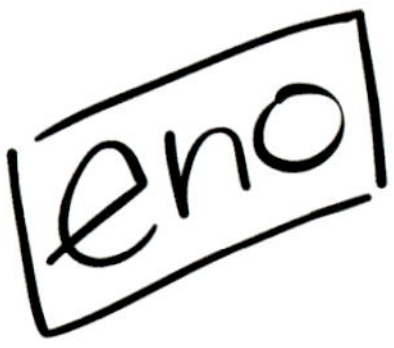

No.
22

イラストレーター

富岡二郎

TOMIOKA JIRO

代表作

乙女ぶれいく！
チェインクロニクル
怪獣娘～ウルトラ怪獣擬人化計画～
東方lostword

電車から降りた女の子がリュックを背負っている途中というシチュエーションで描かせて頂きました。階段を降りながら大きめのリュックを背負うという動作のため、へそが見えている事に意識が及んでいないような表情に見えるよう気を付けました。また、駅のホームと階段の遠近感、空気感が出るように背景と人物の明度の差にも気を配っています。

twitter
@tomioka2

●富岡二郎

おり口

No.
23

イラストレーター

ふうろ

FURO

代表作

オリーブ！Believe,"Olive"? １巻～３巻（文月ふうろ名義）

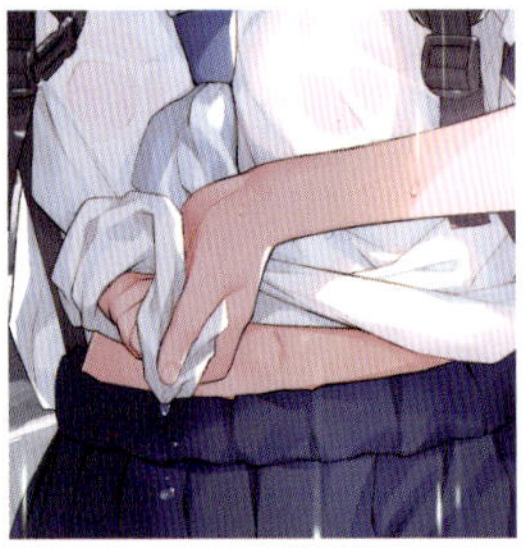

雨に濡れた前髪を気にするあまり、手で絞る制服から見えてしまったお腹には無頓着な女の子、というイメージで描きました。お腹も力が抜けていて若干緩んだ感じで……笑 天気雨の、生ぬるく湿度感のある空気と、女の子の体温が上昇する感じを表現できたらなと思いながら完成させました。

twitter

@fuzukifuro

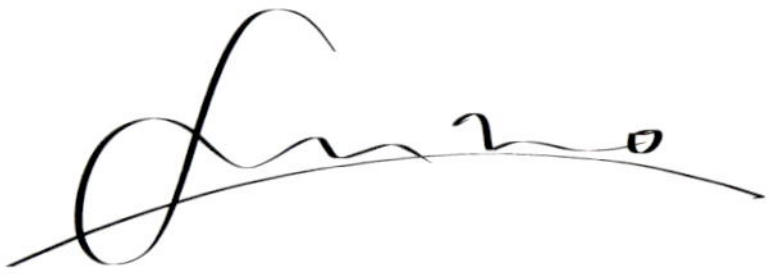

No.
24

イラストレーター

釜飯轟々丸

KAMAMESHIGOGOMARU

女子高生のへそなんて見たことは無いし、見る機会もない。自分のへそはもちろん何の参考にもならなかった。そんな中で、へそを見るという場面を想像するのに苦労しました。せっかくへそが見えているのだからへそを見たいが、目線を向けたことを相手に悟られてはいけない。そんな葛藤を感じてもらえれば良いなと思います。

twitter

@kamamesigogo123

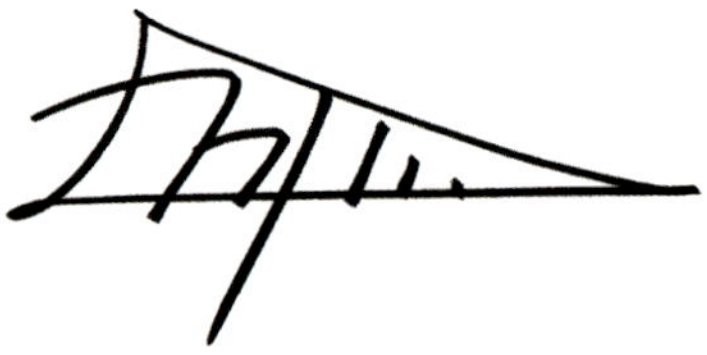

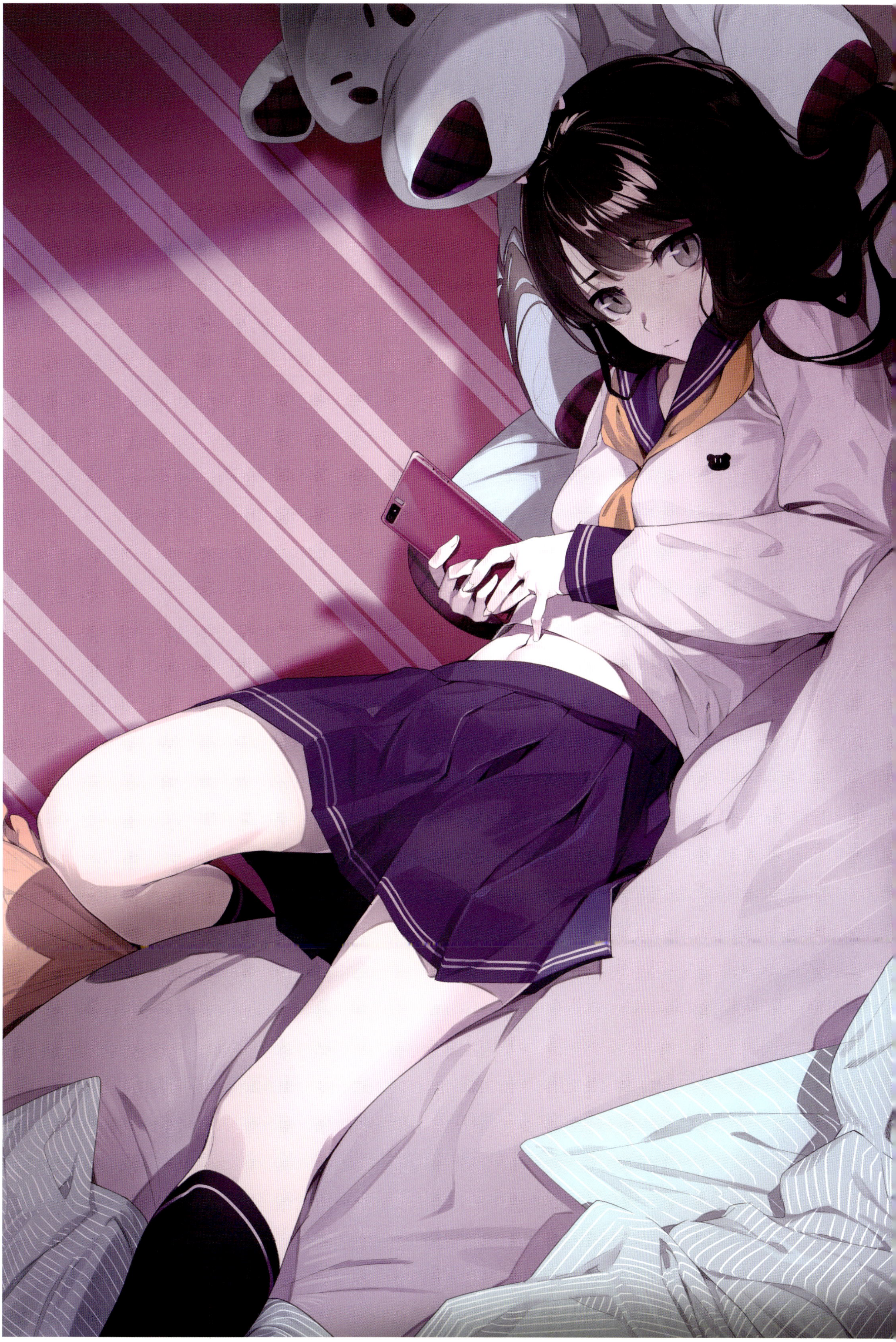

No.
25

イラストレーター

029

ONIKU

代表作

はたらく魔王さま！ 挿絵担当

くまクマ熊ベアー 挿絵担当

異能バトルは日常系のなかで 挿絵担当

フレッシュさとナチュラルなへそ出しを意識して描きました…！ウエストのくびれとおへそコンビ至高です。

twitter

@o2929

No. 26

漫画家

ひとつば

HITOTSUBA

代表作

comicアンスリウム 連載

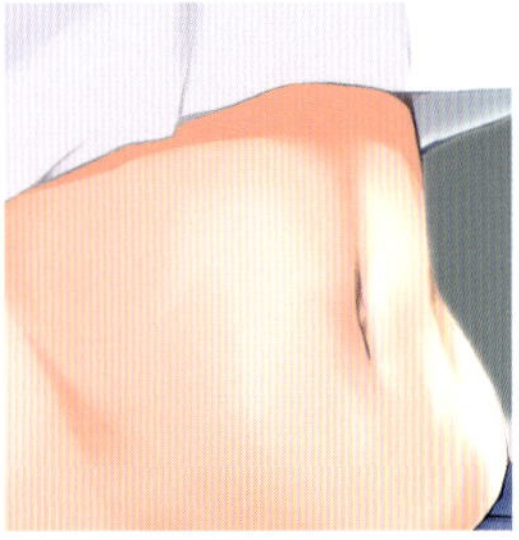

女の子の肌は柔らかく、温かさを感じられるよう明るめの色を塗りましたが、イラスト全体はセーラー服の持つ爽やかな感じを演出したかったので、画面全体が青色を基調とした絵にしました。学校へと出かける支度をする中、何気ないタイミングで見えてしまう女の子のおへそとおなかに魅力を感じる、そんな絵になるよう描かせて頂きました。

twitter

@sakura46haru

No.
27

イラストレーター・漫画家

クマノイ

KUMANOI

代表作

女子中・高生のイラストブック
うさぎのふらふら
リメインズ・JC

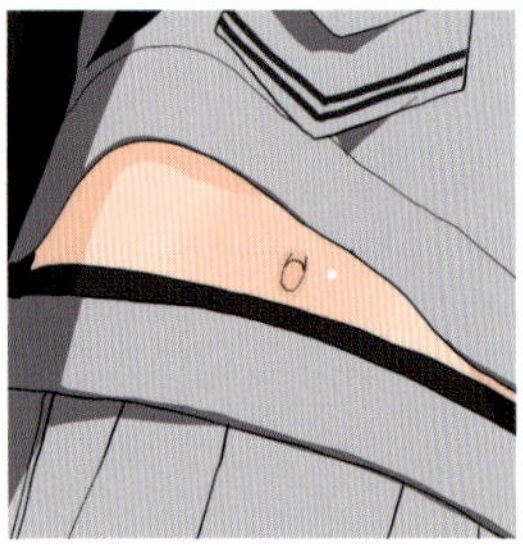

とある冬の日、休み時間の教室で変わったくつろぎ方をしている女の子です。厚着をした時にふと見える身体の一部が好きなので、カーディガン＋タイツで完全防備にしてみました。普通であればお腹は見えないので、カーディガンの前ボタンを開いてあります。単に暑いというだけでなく、実際の着こなしとしてたまに見かける事があります。スカートのウエストの上にちょっと見えているタイツもポイントです。

twitter

@kumanoikuma

No.
28

イラストレーター

jimmy

JIMMY

代表作

温泉むすめ 湯村千代

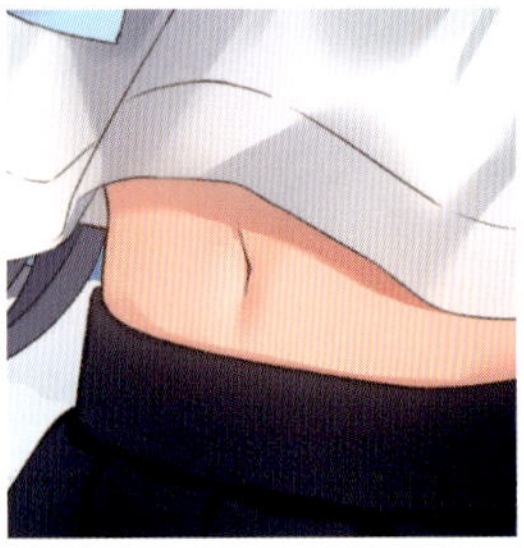

セーラー服からみえるおへそを、本当はもっとがっつり見せたかったのですが、あくまで見えちゃった風になるように気を付けました。目立つように彩度の高い影をいれてみたり…セーラー服とおへそ、最高です。ちなみに私は腕をあげたときにチラ見えする脇も大好きです。

twitter

@jimmy_madomagi

jimmy

No.
29

イラストレーター

よむ

YOM

代表作
よむタイツ
みるタイツ 原作/ストーリー原案

少し地味で垢抜けない生真面目な彼女が、普段見せることのない表情と普段見せることのない“おへそ”を見せてしまう、そんな状況。プニッとしたお腹も好きですが今回は背徳感を出したかったので、普段健康的な生活を送っていることを感じさせる引き締まったお腹にしました。個人的にはおへそのすぐ下、スカートから少しはみ出てしまうタイツのウエストゴムもポイント…。

twitter
@y_o_m_y_o_m

No.
30

万年床パーティーピーポー

お久しぶり

OHISASHIBURI

セーラー服とおへそ、とても難しい…おへそがチラリするシチュエーションが思いつかない、セーラー服の構造も未知。結局いつも通りの絵だけど一番アイディア出しが大変でした。時間かかりました。イメトレもちゃんとやらなくちゃいけない課題ですね。

twitter
@imlllsn

No. 31

イラストレーター

ryota

RYOTA

ぷにぷに感を出しました。

twitter

@ry_o_ta_

イラストレーター

前屋進

MAEYA SUSUMU

代表作

NGな彼女。は推せますか？ 挿絵担当

裏方キャラの青木くんがラブコメを制すまで 挿絵担当

LORD of VERMILION ARENA

神撃のバハムート

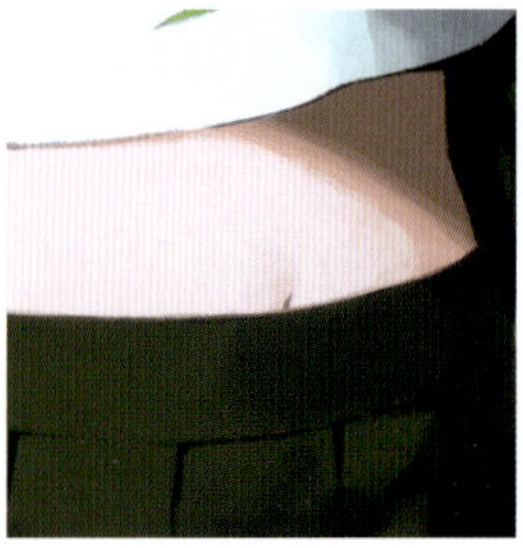

「葉っぱのスキマから覗く女の子のスキマ」が描きたくてこの構図にしました。4匹の生き物がこっそり隠れています。

twitter

@no33no

イラストレーター

kobuta

KOBUTA

代表作

Arcaea『Tie me down gently』ジャケットイラスト

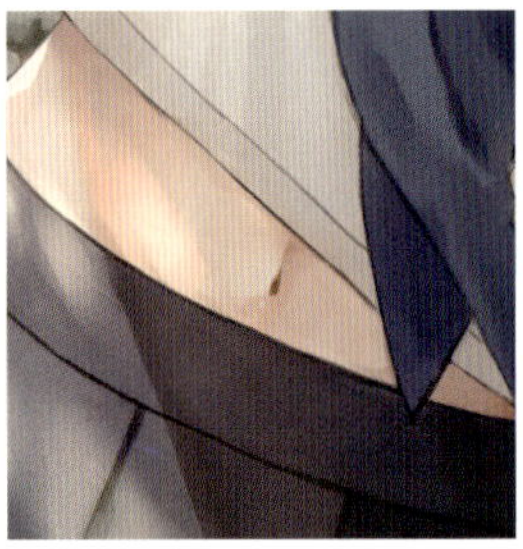

できるだけ自然におへそが見えるシチュエーションになるよう意識しました。木漏れ日で見る人の視線がおへそに行くようにしつつ、自然なシチュエーションで描けたのではないかと思います。また、おへそに注目して描くのは初めてでしたので、新鮮な気持ちで描かせていただきました！

twitter

@kobuta0831

No. 34

イラストレーター

小山内

OSANAI

代表作

はしたない姉妹ですが、躾けてもらえますか? 獣魔導士は服従の首輪にて姉妹と契る 挿絵担当
剣とティアラとハイヒール ~公爵令嬢には英雄の魂が宿る~ 挿絵担当

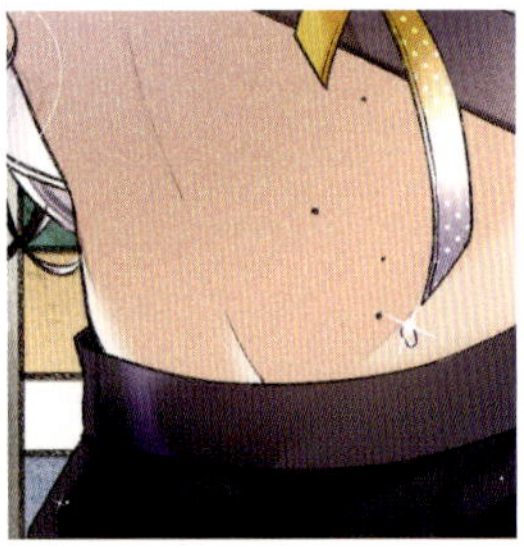

セーラー服がとても好きです。今回はおへそが見えるようにとの事でしたので、少し丈感を短めにしました。スカーフと迷いましたがリボンにしました。おへそ、くびれ、少し濡れて透けたセーラー服など拘りポイント山盛りですので是非よく見てくれると嬉しいです。

twitter

@osanai0804

No.
35

イラストレーター

はねこと

HANEKOTO

代表作

クダンノフォークロア 原画担当

LVOの神殺し 挿絵担当

じぶん銀行公式キャラクター 小鳥遊つぐみ キャラクターデザイン担当

一番こだわって制作したポイントはシチュエーションです。朝の満員電車の中、背の低い女子高生がつり革に背伸びをして掴まっているシーンなのですが、その際服が引っ張られお腹が見えてしまい向かいに座っている人(あえて描いてません)に見られてしまって恥ずかしがっているシーンを描きました。ポイントは女子高生の視線だけがお腹に注がれている事によりイラストの中で目線がお腹にいきやすいようにしたところです。腹筋があまりなさそうなぷにぷにのお腹とセーラー服の引っ張られた時のシワも拘りのポイントです。

twitter

@hanekoto2424

No.
36

漫画家・イラストレーター

コノシロしんこ（鳥丸やよい）

KONOSHIRO SHINKO KARASUMA YAYOI

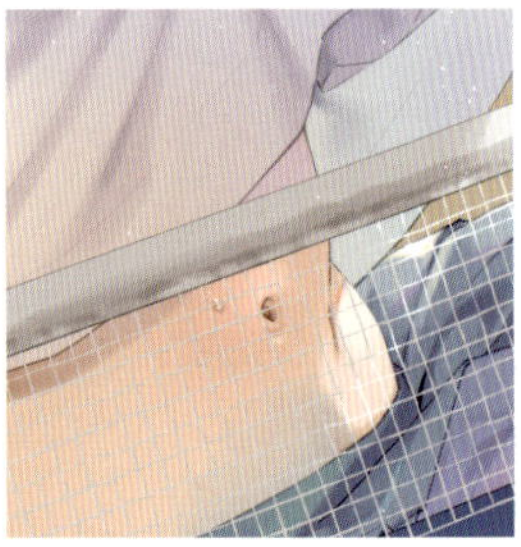

自然におへそを見せたくて運動をしている一瞬を切り取ったような構図にしました。ネット越しのおへそにする事で、よりドキドキ感と臨場感が増したイラストになったと思います！ 元気に汗を流す女の子は青春ですね。差し色も水色を多めに使って全体的に透明感と爽やかな雰囲気の出る色味にしました。そんな青春の爽やかさが伝わるイラストになってると嬉しいです。

twitter
@myayoi62

No.
37

イラストレーター

もきゅ

MOKYU

代表作

バーチャルYouTuber 魔使マオ
好感度120%の北条さんは俺のためなら何でもしてくれるんだよな…… 挿絵担当
せんせーのおよめさんになりたいおんなのこはみーんな16さいだよっ? 挿絵担当

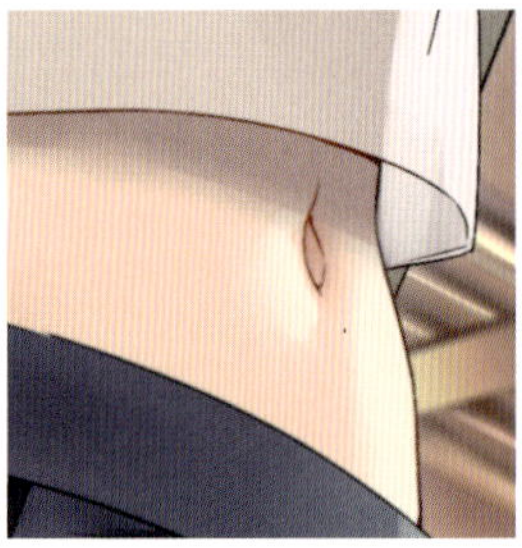

学校帰りに偶然憧れの先輩と同じ電車に乗ってしまい、少し照れながら談笑しているようなシチュエーションで描きました。手前の座席から見上げるような視点で女の子の無防備な所を偶然見てしまったような感じを出してみました。逆光の中でお臍の窪みの部分にだけ光が入るようにしてより印象的になるように塗ってみました。

twitter
@UedaHuku

イラストレーター

ハル犬

HARUKEN

代表作

召喚された賢者は異世界を往く 挿絵担当

透明勇者のエンジョイ引退生活！～魔王を倒した元勇者、透明化スキルで気ままに人助け～ 挿絵担当

私たち殺し屋です、本当です、嘘じゃありません、信じてください。 挿絵担当

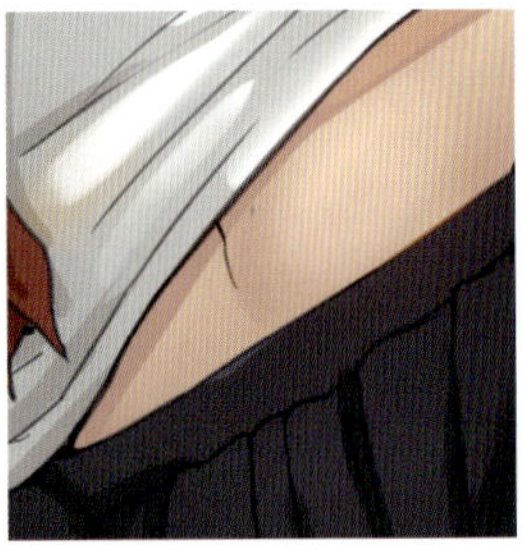

はじめまして、ハル犬と書いてはるけんと読みます。光の表現にだいぶ悩みましたが、制服の女の子を描く機会がだいぶ減ってしまったので大変楽しく描かせて頂きました！

twitter

@haruken0802

No.
39

イラストレーター

ももしき

MOMOSHIKI

代表作

白猫プロジェクト
カードファイト!!ヴァンガード
Z/X -Zillions of enemy X-

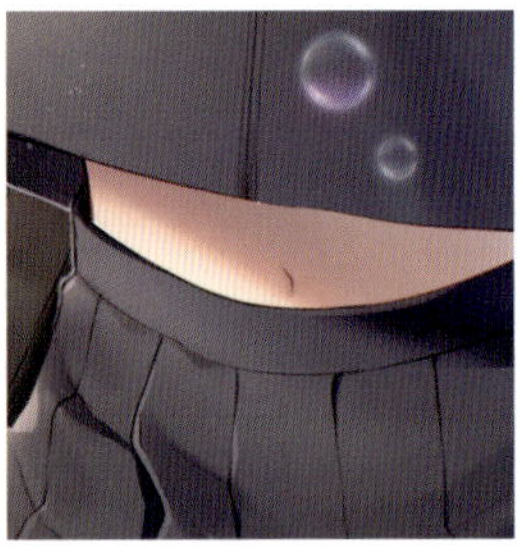

「放課後に友達と無邪気にはしゃぐ女の子」をテーマにしました。子どもっぽいテーマにしたのでおなかや表情があまりセクシーにならないよう気を付けました。おもちゃのバドミントンも描きましたが、これで遊ぶ時はポニーテールにしていたらかわいいなと思い腕にヘアゴムをつけておきました。色んな想像をしていただけたら嬉しいです。

twitter
@momoshiki

No. 40

イラストレーター・原画家

カントク

kantoku

代表作

変態王子と笑わない猫。

妹さえいればいい。

One Room

メルヘン・メドヘン

日常生活の中で、女の子にとっては見られて恥ずかしい瞬間はいろいろあると思います。そういったシチュは心踊ります！ 軽装のセーラー服は夏の景色との相性バツグンだと思っています。

twitter

@kantoku_5th

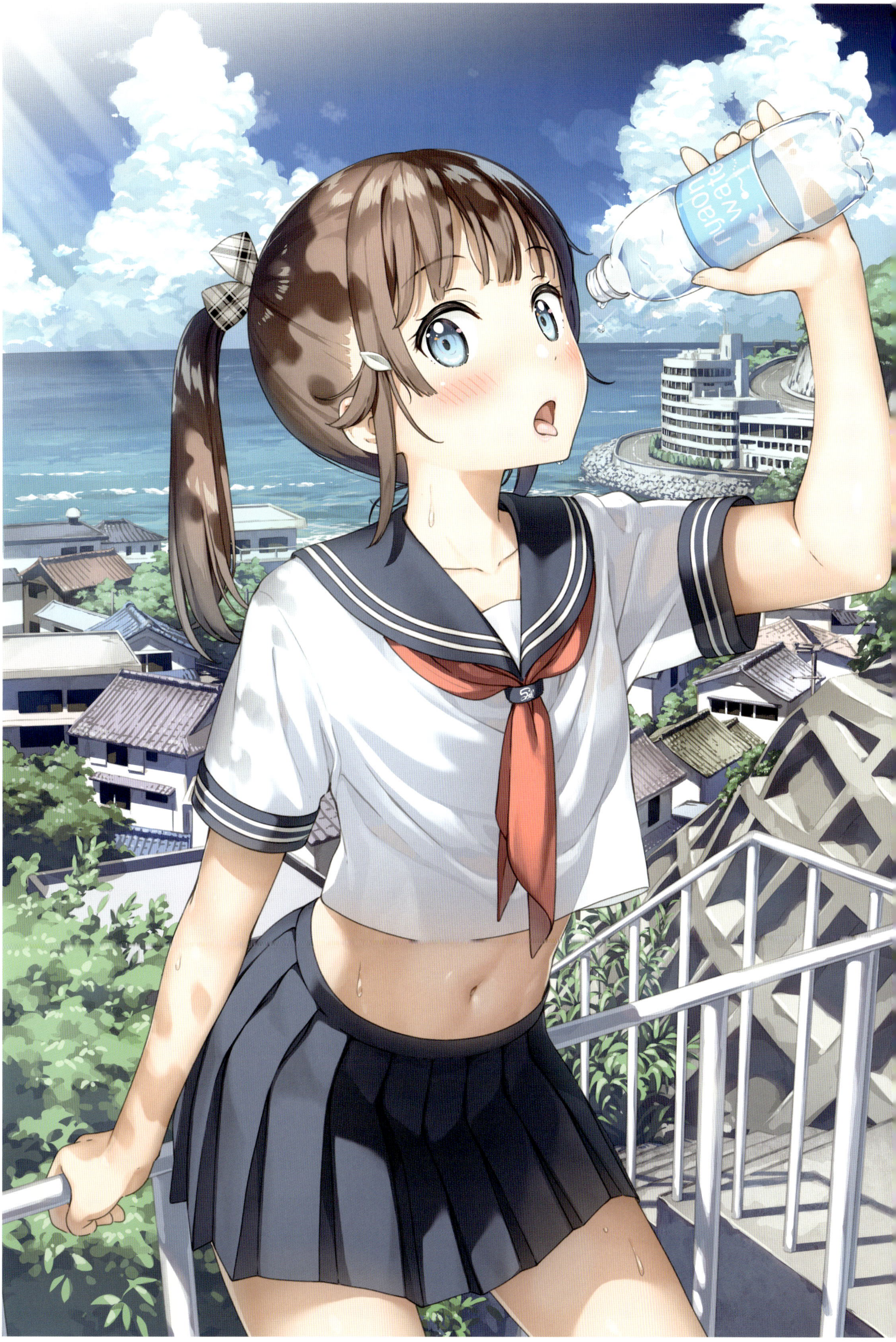
nyaOn
wate

カントク先生 カバーイラスト

メイキング&インタビュー

今作の企画・監修を頂いたカントクさんにインタビューをさせていただきました。カバーイラストの制作過程を追いながらこだわりのポイントについて深く語っていただくとともに、作画のポイントも丁寧に解説してもらっています。作業中のカントクさんの考えや判断のポイントを思い出しながら語ってもらったので、イラストについて初心者だという方でも新しい発見があるのではないかと思います。

その1 企画のテーマを決める

—どうぞ宜しくお願いします。まずは作業工程の最初、企画のテーマを決めた経緯からお伺いできればと思います

宜しくお願いします。お話頂いたのは、特定のテーマに沿って色々なイラストレーターの方にイラストを執筆してもらう企画ということでしたので、まずは私が普段から興味のある題材をいくつかピックアップさせて頂きました。最初は同人誌でよく描いているテーマとして、チェックや下着といったものを提案頂きましたが、チェックについては普段かなり描いているし、せっかくの機会でしたので別のものでやりたいなと思っていました。下着は面白いテーマなのですが、種類もデザインも非常に幅が広いので、どれを選ぶかといわれると非常に難しいですよね。「私といえばこれ！」というのがあればピッタリなのですが、これも次の機会になりそうです。ということで、普段描いているものではなく、自分のフェチポイントとして身体のパーツの中から「おへそ」を提案させて頂きました。

—おへそ以外にフェチポイントとしては気になるポイントは何かありますか

身体の「くぼみ」関係はかなり好みというか、気になるポイントですね。わきや鎖骨なんかも、体の中でのくぼみのひとつでとても良いと思います。鎖骨はイラストで描くとスッと軽く描くことが多くて、しっかりくぼみまで意識して描くとエグい感じになりやすいので悩ましいです。わきについては、最近はかなり処理が上手い方も多いので、テーマとしてはいいなあと考えていますね。

—ポイントひとつをとっても、描き方が昔とはずいぶん違いますね

おへそについても、描き方がかなり変わったなあと思います。腋もおへそも「くぼみ」という意識があるので、影だけつけて終わりというのがよく見かけるパターンですが、実は「ふくらみ」があってこそだと思います。おへその周りには、内臓があって腸骨があって、

上の方にいくと肋骨もありますね。おへその周りを囲むように膨らみがあって、一方で溝になっているところがあるという、両方が一体となって、おへそが映えると思います。わきも同じで、「くぼみ」と考えるより、挟み込んでいる筋肉を意識してあげるといいと思います。わきの周囲の筋肉をしっかり描けると、わきが自然と窪んでくれますね。「へこみ」だけじゃなく、「ふくらみ」をしっかり描いてこそ、フェチのあるくぼみが魅力的に描けるのかなと思います。

カントクさんが描かれたラフ案。
この時点でタイトルとトリミングをイメージして考えていた。

その2 ポーズを決める

―カバーのイラストを描かれるとき、何を意識されましたか

テーマをおへそとセーラー服で行こうと決めたときに、先にタイトルの案を頂いていたんですが「セーラー服のまんなか」というタイトルが個人的にはグっときていたので、タイトルに合わせたカバーイメージは最初から思いついていました。打ち合わせのときに「こんな感じで行こうと思っているんですよね」という感じでラフを描いたのですが、結構スムーズに受け入れてもらえたので悩みはあまり無かったですね。カバーのイメージを、爽やかめでいくのか、ディテールを強めでいくのか、オシャレ系でいくのかということは相談しましたね。結果的に、細部はしっかり塗りつつ、絵面としては安直と言ってもいいくらい真っ直ぐに描いています。

最初のレイアウトラフ。
喫茶店の紙ナプキンに即興で描いたという。

―レイアウトラフをみると、最初はバンザイポーズになっていますね

手の位置がはっきり決まっていなかったので千手観音みたいになっていますが（笑）。まず、おへそを見せるなら、手を大きく上げ服が引っ張られるポーズだろうと。ただ、カバーとしての説得力を持たせなければならないという制約もありました。バンザイポーズをしていると、画面から手がはみ出てしまい、何をしているか分からず説得力が無くなってしまうので、ポーズとして今回はＮＧかなと考えました。ポニーテールも手が隠れてしまいますし、髪束が細くなった時に正面からだとほとんど見えなくなるのもネックですね。その点、ツインテについては、結んでいる手の動きも見えて説得力がありますし、髪の毛も隠れないということでバランスがとても良かったです。あとは、ツインテにしたときに、二次元キャラは顔が大きいので首を傾けなければならない。そうすると必然的に身体も棒立ちではいられないという感じで、自然と左右の動きが生まれました。完全な棒立ちは避けつつ、正面構図で説得力のある絵にしなければいけない、という部分でハードルが高かった部分はありましたが、しっかり動きが出てくれたので、その後の作業もスムーズに進められました。S字ポーズはクネクネした感じで少し煽情的な印象も出るので、女子高生くらいのキャラクターだとあまり多く描かないですが、今回はドキっとする感じが良かったかもしれないですね。

その3 立ち絵ポーズとトリミング

ー少し戻りますが、なぜ正面の立ちポーズを選ばれたのですか

カバーでは立ち絵が案外使いやすい印象があります。シンプルな分だけ、レイアウトの仕方で工夫ができますし、トリミングしても格好良くなります。今回は最初から強めにトリミングしてしまおうと思っていたので、立ち絵にすることに迷いはなかったです。目元も全部隠れるくらいにしてしまおうというアイデアもあったくらいですし。実は、元々立ち絵自体は描くのが好きな方なんです。立ち絵がつらいという意見もよく聞きますが、差分があるのでそのあたりの大変さのイメージがあるのかもしれません。

ー立ち絵が好きというのはどういった理由ですか

女の子が正面で立っている図というもの自体が、格好良い構図に感じているんです。現実で「あの女の子カワイイな」と思ったとしても、近づいたり色々な角度で見たりできないですよね。どうしても遠目で眺めることになるので、自然と立ち絵のような全身が見える距離感になると思うんです。そういった距離感で見ているのが染みついているのかもしれません。女の子らしいシルエットというのが、正面・全身だと見えやすいのかなと思います。例えば、雑誌のモデルさんも、表紙を飾るときは正面で立っていることが圧倒的に多いと思います。グラビアでは色々なポーズを取りますが、ここぞというときは正面という印象です。格好いいも可愛いも、正面が一番見せやすいのかなと思っています。立ち構図とは逆に、グラビアのように角度を付けると色々なものが見えますけど、その分女の子らしい、パッとみて分かりやすいシルエットではなくなってしまう。説明力が下がってしまうのかなと。フェチを見せるときは色々な要素が入ってくるので角度を付けるのももちろん必要になると思いますが、基本のポーズは正面の方が色々と分かりやすい、伝わりやすい気がします。トリミング位置とタイトルをそのままにして、キャラクターに角度をつけたら、もっと普通の、インパクトを感じづらい書影になってしまったかなと思います。たとえば俯瞰で見ると顔が大きく見えてカワイイけれど、おへそがちょっと見づらくなります。まんなか感が薄れるのは避けたいですね。アオリですとおへそ周りが山になって、まんなか感は出るかもしれないけど、むしろ太ももが手前に来るので、そうするとみんな太ももが見たくなってしまうと思います。ローアングルで顔も見えづらいですし。角度を変えると、見えるものが変わって、イラストの個性が変わってしまうのかなと思います。情報の偏りという感じですね。

トリミング案の一例。どのカバーが一番好みだろうか。

その4

ラフ制作

ーラフの制作に入っていきますが、気を付けているポイントはありますか

ラフは特別なことは特にしていないと思います。最初のレイアウトイメージと、ポーズの検討がスムーズだったので、仕上がりのイメージがすでにできていました。ポーズのアタリもほぼ取らずに直接ラフに入れましたね。

ーまず十字を描いてマルを描いてというところからスタートしていますね

ラフの最初の段階。すでにマルの方は使われていないようだ。

仕事の打ち合わせなどでよくやりますが、マルと十字に目や髪の毛を載せて、こんな感じでどうでしょう、と描いたりするので、そういった面では使いますね。ただ下描きとして描く場合には目の位置とマルの位置がそもそも合っていないので、実際にラフを進めるとマルの位置と輪郭がかなりずれていきます。全部を収めようとすると絵のバランスを変えないといけないので、輪郭を描いたらマルは無視ですね。ただ、角度と顔の雰囲気を掴むのには役に立っていると思います。パッと見のイメージがいけそうであれば、マルは無視するか、邪魔になったら消しちゃいますね。

ーラフでは片目だけ入れていますが、意味はありますか

胸の部分にパッドらしき形状のアタリを取っている。

片目だけでも描いておくというのはよくやりますね。目を描かないで描き進めていくと、全くバランスが取れていなかったということがよくあります。何となくでも目を描いておくと、最初のイメージと仕上がりのイメージのずれを回避できる気がします。

ーラフの途中で下着っぽい部分を描いていましたが、これも意味がありますか

これは下着ではなくて、どちらかというとブラのパッド部分だけ描いたような感じです。胸のアタリだけ取っておいています。マストではないと思いますが、リアルな体つきを意識して描くするときは、胸の位置の目安としてブラのパッドらしき形を描いておくと、後で得することはありますね。よほど胸が大きくない限り、胸の形が線として現れることはないと思います。Dカップくらいなら正面に向かって膨らんでいると思うので。ただ、胸の位置に何も描かないで作業を進めていくと、自分でも「胸が全く膨らんでいない女の子」いうイメージにすり替わってしまうことがあるんです。そういった場合に、パッド部分だけ描いておくと、位置の確認だけでなく、胸の膨らみを常に感じながら描き切ることができる気がしています。ちなみに、もし胸が大きい女の子なら、胸のシルエットがはっきり出るので、下乳部分などに輪郭として線を描きますよ。

ー身体以外に、服を描くときなどに気を付けたことなどはありますか

今回のこだわりのポイントとして、セーラー服のブラウスを描くときに体にフィットするように描きたくなかったというのがありました。身体にフィットさせずに、まっすぐストーンと落とすような感じで描いています。昔は上半身もボディにフィットしていないと良くないんじゃないかと思った時期もあったんですが、今は全くないですね。上半身のボディラインを隠せるだけ隠した方がリアリティがあって、かつ下品さ、エグさが無くていいなあと思うようになってますね。ガーリーさ、幼さを出すときには、ブラウスは身体にフィットさせるよりまっすぐ落とす感じで描いてあげると魅力的に見える気がします。身体にフィットさせ過ぎてしまうと、下品な感じがでてしまう印象がありますね。セーラー

セーラー服はわきから裾まで真っ直ぐ垂れるように描かれている。

服はウエストがしっかり見えるので、ブラウスが体型を隠してしまっても、ウエストで身体のラインがどのくらい細いか自然に分かります。シルエットが自然と可愛らしくなるのがいいですね。その点Tシャツやワンピースですと、ストーンと下に落とすのが下半身まで続いてしまうので、体形が分からず、魅力的に見せるためにアイデアを考えなければいけないことが多いです。ちなみにアイドル衣装などにもあるセーラーワンピであれば、身体に多少フィットさせるためにウエストを絞ったりすると思いますが、下品に見えずむしろ相当ガーリーに見えるので、これはセーラーカラーの優秀さが際立ってますね。そういったパーツ無しで、例えばキャミタイプで腰周りをキュっとしたワンピース作ってみても全然意味合いが変わってきてしまう。ガーリーじゃなくてドレッシーな感じになってくるのかなと思います。

―セーラー服の襟元にそんな意味があったとは

襟元だけでも可愛らしく見せられるというのはすごい武器ですね。個人的にセーラー服というのはすごい服だなと思っていて、「ずるい」と思うことが多いですね。特にセパレートのセーラー服はウエストを絞らなくてもいいので、実際の写真を見ても、セーラー服には隙が無いなと思いますね。セーラーカラーが魅力的に感じられる時代に生まれてよかったなと思います。学生服として定着してくれたおかげで、純粋に可愛らしいものとして感じられますから。男が着る海軍の制服というイメージの時代に生まれたらこうは思えなかったと思うんです。そっちが正しいと分かっていても、「男がセーラーカラー付けるんじゃないよ！」みたいな感じで（笑）

ラフ稿の完成。目元や首の角度など、細かい調整も加えていた。

その5 線画を進める

―線画の作業に入っていきます

線画の作業で人と違うことがあるとすれば、私は手ブレ補正をかなり上げて描いています。手ブレ補正を使っているのは絵が上手くないからだ、みたいな意見を見かけることもありますが、だとすると自分は全然絵が上手くないですね（笑）。CLIP STUDIOを使って線画まで作業するのですが、数字で見ると線画の時は40～60くらいまで手ブレ補正を上げています。手直しの時にも10～15くらい、ラフのときは10以下で作業することもありますが、それでもゼロはないくらいで常にここに数値が入っています。まずは一気に線を引いて、気になったところを線つまみツールで調整するというやり方です。髪の毛などの長いストロークを描くときなども、手ブレ補正を信じて一気にという感じです。ベクターデータなので、拡縮や変形をしても劣化しないというのが素晴らしいです。今はラフの時点でもベクターレイヤーを使って作業しているくらいです。

輪郭→目元→髪の毛と線画を引いていく。
最後は大まかに影の位置も入れていた。

ー延々と時間を使わないための、切り上げのポイントはありますか

修正が簡単になった分、修正ばかりでいつまでも完成しないというのもよく聞く話ですね。でも、私としては結構納得いくまで修正している気がします。ただ、修正を続けていると段々描いている絵に見慣れてきて、求めていた理想が段々下がってくることがある気がします。歩み寄ってきてくれるというか。そうすると現在描いている位置の底上げと、理想の位置の歩み寄りで最終的にはなんとかなる、という感じです。

ー絵の完成形が分かっているから修正できるのでしょうか

それはあると思います。どう直せばどう改善するのか何となくイメージはあるので、それに向かって修正しているというのはあるかもしれません。どうすれば良いか分からないまま、神待ち的に良いものが出てくるまで修正していると無駄に時間を使ってしまうので、そういう時は描き直した方がいいかもしれませんね。私は修正も作画の一部だと思っているので、恥じることなくガンガン修正していいと思っている派です。方向性が分かっていれば修正は作画だと言い切れます。専門学校で学生さんにお話したときもはっきり言いましたからね「修正は作画です！」って（笑）

ーこの意見で元気づけられる人も多そうです

昔は修正するなんて悪だ、的な意見は先輩方からはよく言われていましたね。私なんかはそこに反抗するところからスタートしてますから、他の方とは随分違う描き方をしているかもしれません。手ブレ補正を下げて、自分の感覚に近付けて描きたいという人が主流派だと思います。〝ドローイング〟というような絵の作り方ですね。でも、そういった直感的な描き方に自信がない人は、私のように絵を組み上げていく〝メイキング〟に近くなってくる

完成した線画。実は20以上のパーツに分かれている。まさに組み上げていくような描き方だ。

メイキング&インタビュー

のかなと思います。個人的には絵を描くときは"メイキング"でも大丈夫と言ってあげたいですね。ずっとマウスで作業していたくらいですので、自分は描くというより作る、"メイキング"に近い描き方です。ストロークがうまくできないので絵が描けない、みたいに思ってしまうかもしれませんが、最終ラインさえ見失わないようにすれば、手ブレ補正をガンガン上げていいし、線つまみツールでもなんでもいいので、修正しまくって完成させさえすれば何一つ問題ないと思います！

その6 髪の毛

ー彩色の作業はいくつかポイントを絞ってお話を伺えればと思います。髪の毛のハイライトの塗り方について教えてください

昔は影入れてハイライト入れての順番でしたが、今はハイライトを先に入れることが多いです。特に今回は上半身を影にしているので、ハイライトの方が重要ですね。今回はハイライトを二重にして描いているのですが、昔はこういった描き方はあまりしていなかったですね。こういった塗り方があることを誰かがやり始めて、それが流行したのかなと思います。個人的にはとても理にかなっている表現で好きな描き方です。私自身も色々と調べてみたんですが、確かにこういった写真は沢山ありました。実際にあるけれど、イラストにディフォルメして取り入れられていない表現は沢山あると思います。それが発見されて次の作画のブームに繋がっているという流れはあると思うので、そういう思考は常に持っておいた方がいいだろうと思って、資料などは常に見るようにしています。

まずつむじの位置を決め、大まかにハイライトを入れる。最初はかなりざっくりとした描き方になっているようだ。

ーどうして二重の光が見えるのでしょう

周りにある光源によって、リングの数や位置が変わると理解しています。人物のいる場所が屋内であれば天井のライトや窓の外に光源があります。屋内での写真撮影などの場合だと、メインの斜め上からのライトやストロボ、照り返し用など多くの光源があると思うのですが、髪の毛にツヤがあるとその光を全部反射してくれます。完全にリング状のハイライトになる写真はさすがに少ないんですが、三重のリング状のハイライトができることもありますよ。イラストの場合には、人物がスタジオにいるわけではないですが、立体感を補強してくるものとして考えています。写真などでもよく見る表現なので、イラストでも違和感を感じないのかもしれませんね。

ー実際に描くときにはどうやって作業しますか

最初はイメージで仮で入れてみます

最初の仕上げ（左）と、最終的な仕上げ（右）。
確かにハイライトの入れ方が変わっている。

が、上手くいかないときはブラシでサッと入れてみて、いい位置でギザギザにする感じで入れていきます。最初に描いた仕上げですと、二つのリングを近い距離で描いたのですが、少し不自然かなと思っていました。全然しっくりくる仕上がりになっていなくて、他の作業を進めても違和感があったんです。一旦完成した後で何回か調整して、最終的にはカバーのような仕上がりになりました。三重リングっぽい仕上がりになっていますが、実際は暗い箇所に濃淡をつけているので、二重＋影の明るい部分という感じです。あとは、影になっているところにハイライトを強く入れると、ちょっと不自然な3Dみたいになってしまうので、ハイライトの強さの調整も何度か行っています。どれが正解というわけではなく、どれも正解とも言えると思うので、このあたりは好みですね。

その7 目元

—目の描き方はとても大事だと思いますが、気にされているポイントはありますか

すごい気にしているポイントというのは特に無いんですが、常に変え続けていることもあって、昔とは描き方が随分変わりましたね。下まつげもノベルのお仕事あたりから描かないことが増えました。上目遣いのときや、目を細めるときには復活したりするので消えたわけではないんですが。このあたりも作風の流行りだと思いますが、今はこれが普通として受け入れられるようになりましたね。

—瞳の塗りでポイントはありますか

ハイライトの位置などは、固定しなくていいんだ、と思ってからはかなり自由に描いていますね。昔のイラストだと、ハイライトが目のフチにくっつけなきゃいけないみたいな先入観があったんですが、目の中心に入れても違和感がないと気づいて、好きな位置に付けています。

—ハイライトはどういった意味があるんですか

光源の光が目に入って、それが角膜で反射している、という感じでしょうか。そういった意味ではどこに入れても違和感はないですね。

—それでは右側に入っている薄い光はどういったものでしょう

謎の照り返しですね（笑）。厳密にこういうものだ、と考えているわけではなく、見栄え重視なのですが、メインの光源とは別の光源が目に入って反射したもの、と考えるのが一番しっくりきそうな気がします。この部分を窓枠のように四角い形にして描く方もいらっしゃいますね。まるで風景の窓が瞳に反射しているように見えて、とても綺麗だなと思いますね。たまに真似したりもしています。

—もうひとつ、カラフルな色の部分もありますが

これも説明するとなると難しいですね。キラキラしている光を入れると綺麗だなと思って入れています。瞳に入った光が、眼球の奥の光彩に当たって反射している、という感じかなと思います。光彩は人によって色も模様もバラバラなので、色々なパターンがあっても良いのかなと思います。

—そういう風に見ると、眼が球体になっていることを感じられる気がして

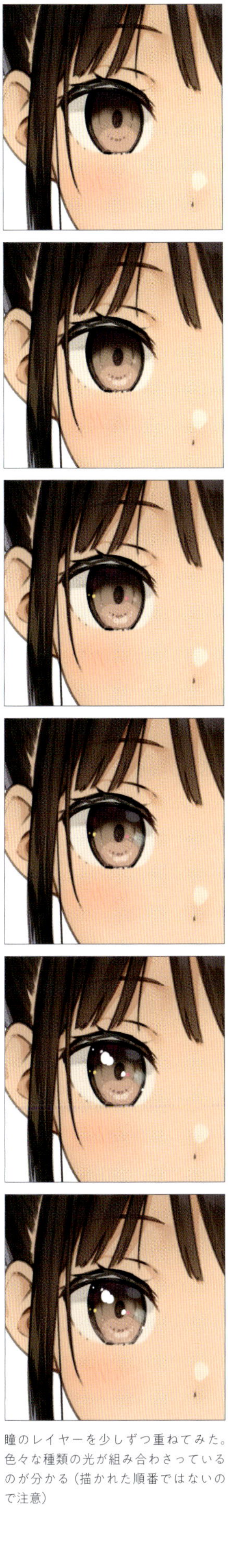

瞳のレイヤーを少しずつ重ねてみた。色々な種類の光が組み合わさっているのが分かる（描かれた順番ではないので注意）

きました

ある程度は立体も意識しつつ描こうという意識はありますね。正面の絵よりは角度がついている絵の方が分かりやすいと思います。

その8 おへそ

ーおへそを魅力的に塗るポイントはどこにありますか

肌の塗り方も今風、昔風という流行があるかなと思います。昔は凸凹を表現するというよりも、物体の落ち影を優先して塗っていた傾向があった気がします。今回のイラストだと適したポイントが無くて説明しづらいんですが、昔風に塗るのであれば、へこんでいるところに影を置いたりしていたのかなと思います。自分自身は昔の考えにとらわれていた部分が大きくて、現在の塗り方にたどり着くには随分時間がかかったような気がしますね。どうやって描いていたか、もう思い出せないです。最近は凸凹をシンプルに濃淡で描く方が主流になってきていると思います。ここらへんに光が当たるから光らせるという感じで凸凹に沿って光らせているので、へこみだけに影を入れる形だと今の形にはならないと思います。今回は画面左の方から光が当たっていて、左から順に、へこんで、盛り上がって、へこんでの繰り返しになっていると思いますが、このへこみと盛り上がりの反転するポイントは角度が急になるので一番光って見えると思います。徐々に丸くなっているところは弱く、一気に反り返るとその分強く光る感じです。おへその右下のところが一番明るいと思うんですが、ここはまだくぼみの一部ですけど、角度がついているので一番明るくなりますね。ハイライトを付けるならこの位置だ、って感じです。くぼんで盛り上がっているところは光らず、その手前のへこんですぐのところが光るという付け方ですね。本当は今回のイラストは正面気味なので、見栄え重視で入っていますが、角度の付いたイラストであればもっと分かりやすいかもしれません。

ーおへそのフチのところを盛り上げた描き方もされてますね

リアリティを感じるかなと思って、盛り上がった感じも取り入れましたが、あまりやるとエグくなるのでギリギリ

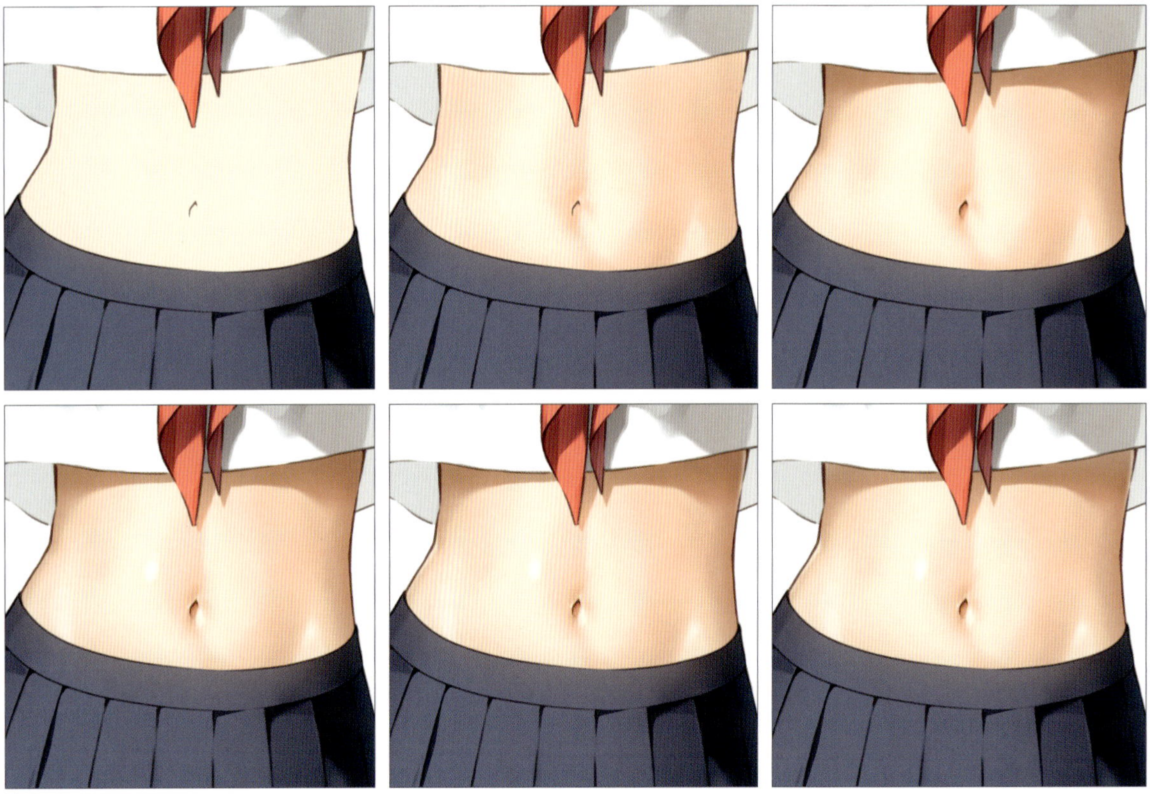

おなか周りのレイヤーを少しずつ重ねてみた。
明るいところと暗いところでふくらみを表現している。

ラインですね。

その9 仕上げ

—最後に仕上げですね。顔に影を入れたときに意識したポイントはありますか

向かって左側から光が当たっているイメージで考えていますが、本当ならもっと右側が影にならないといけなかったのかなと思います。左右に影を入れすぎると印象が変わってしまうので、多少の嘘が入っている感じです。

影の位置については、このあたりに影を入れたいなというところからスタートしています。光が斜めに入ってきているのか、物体の影になっているのかも分からないですね。辻褄を合わせることを最優先にしたわけではないです。構図と絵だけで最後まで行ききる自信がなかったので、格好良さ重視で斜に構えて格好良いのではという考えでスタートしたのですが、途中でおへそに光が当たって注目してもらえる形になったので、「これしかない」「これは勝った」という感じでしたね。

—最初から狙ったというわけではなかったんですね

結果的におへそに光が当たってくれてよかった、という感じで偶然の産物ですね。最初のレイアウト案の時点で、オジサンくささと同時に格好良さを感じていたので、シルエットを強調したいと思いました。ただ全部を逆光にするわけにはいかないので、それなら影を落とすか、じゃあブラウスは逆光にして透けさせてもいいか、という感じで考えています。

—実は仕上げを見ると、下着がうっすら透けていますね

今回は結果的に、ラフの時に入れたパッドの位置が活用できましたね。もちろん普通はこんな風にブラウスの中は透けないと思いますが、今回はキャラクターに影が落ちて暗くなっているので、照り返し的にボディラインが透ける感じになる可能性があるなと思いました。正面からは光は当たっていないですが、キャラの後ろのものには光が当たっているので、弱い光源ではありますが、前から光が当たっていない分、逆光になりうるという感じですね。逆にセーラー服のブラウスでも、服に光が当たっている部分は透けないですが、光が当たっていないところは透けているという意図で描いてみました。

ブラウスの光が当たっている箇所は透けていない。
細かいけれど重要なポイント。

その10 最後に

—今回の企画をやってみていかがでしたか

企画の監修というような形で参加するのは初めてだったのでとても楽しかったです。こういうイラストを描いてほしいというリクエストを、描いてほしいなと思ったクリエイターの方々に描いてもらうのはとても新鮮でした。皆さん予想をいい意味で裏切ってくれて、「ああ、ここまで描いてくれるんだ」というのが見えてとても面白いですね。こういったポイントを見て、編集さんも楽しいと感じられるのかなと思いましたね。おへそとセーラー服の組み合わせ自体は、探して見ればすぐに見つかりますし、そんなに珍しいものでもないかなと思ったんですが、こういった企画で新たなフェチの発見になってくれればいいなと思います。読んでもらった方にとって、描き手がどういうポイントにこだわってイラストを仕上げているのかなあと、興味や楽しみに発展してくれたらとても嬉しいです。

セーラー服のまんなか

2019年12月10日　初版発行

監修 ／ カントク

発行人 ／ 鈴木康友
編集人 ／ 梁川達尚

デザイン ／ よむ

企画・編集 ／ GAKAKU
営業 ／ 黒沢伝（ワニブックス）

発行 ／ 株式会社 月鈴舎
〒231-0058 神奈川県横浜市中区弥生町2-15-1
ストークタワー大通公園III 604号
TEL:045-315-2355

発売 ／ 株式会社ワニブックス
〒150-8482 東京都渋谷区恵比寿4-4-9えびす大黒ビル
TEL:03-5449-2711

印刷・製本 ／ 図書印刷株式会社

ISBN 978-4-8470-9847-5